TROIS SEMAINES

DANS LES

GRIFFES PRUSSIENNES

PAR

Un ancien Aumônier de l'Armée de la Loire.

RENNES

Hthe CAILLIÈRE, LIBRAIRE-ÉDITEUR

2, place du Palais, 2,

—

1896

TROIS SEMAINES

DANS LES

GRIFFES PRUSSIENNES

PAR

Un ancien Aumônier de l'Armée de la Loire.

RENNES

H^the CAILLIÈRE, LIBRAIRE-ÉDITEUR

2, place du Palais, 2,

1896

TROIS SEMAINES

DANS LES

GRIFFES PRUSSIENNES

Les faits dont j'entreprends le récit sont, à la vérité, petits en soi. Néanmoins, ils intéresseront peut-être ceux qui voudront réfléchir, en leur montrant comme un reflet du caractère brutal et hautain des Allemands. D'ailleurs, comme les plus menus ruisseaux forment les grands fleuves et les gouttes d'eau les torrents, n'est-ce pas aussi par le groupement et l'ensemble des faits qu'on arrive à composer l'histoire générale d'un pays ? Voilà pourquoi, me rendant au désir de quelques amis, j'ai consenti à tirer de l'oubli cette très humble page d'histoire.

I

Arrestation inique.

Une avant-garde prussienne. — Un vieux brave. Écoliers dociles.

Il faisait bien froid, le matin du 13 janvier 1871, sur la route du Mans à Ballon. Tout y était triste comme les cœurs. Le ciel, d'un gris lourd, assombrissait encore la neige sale et jaunie que piétinaient depuis douze heures les régiments en fuite de l'infortuné Chanzy.

Sur le bord de la route glacée, un aumônier français se tenait agenouillé près d'un jeune soldat dont il venait de recevoir le dernier soupir, lorsque tout à coup se fit entendre le galop de plusieurs chevaux. Le prêtre releva la tête et aperçut déjà tout près de lui une avant-garde prussienne, le revolver au poing et l'air menaçant. Brusquement le chef m'apostropha :

— Vous êtes le prêtre du champ? Dites-moi, les derniers régiments français sont-ils de beaucoup en avant, et quelle route ont-ils prise?

A cette question brutale, tout mon sang se révolta. Les deux mains appuyées sur son cheval, je lui répondis simplement :

— Si nous étions en Prusse et que je vous ferais pareille demande, me répondriez-vous?

Il comprit et n'insista pas. Mais déchirant une feuille d'un calepin, il y crayonna quelques lignes et la remit à l'un de ses hommes. Puis me saluant de la main :

— Vous pouvez, me dit-il, désormais aller au Mans.

A ces mots, dits d'un air pincé, un éclair d'inquiétude me traversa l'esprit : serais-je donc prisonnier? Non, évidemment, la chose n'était pas possible.

Pendant ce temps, d'autres cavaliers allemands, conduisant un groupe de soldats français, étaient venus rejoindre les premiers. Le chef ordonna le départ; il piqua des deux, lui, avec quelques cavaliers, vers Alençon, et nous laissa sous la garde du reste de sa troupe. « En avant! » commandèrent les Prussiens. La petite colonne se mit en marche vers le Mans, d'où nous étions éloignés d'environ trois lieues.

Soucieux de reprendre la route de Ballon, je les laissai partir. Déjà je leur tournais les talons, quand le cavalier d'arrière-garde, faisant subitement volte-face, me rejoignit d'un coup de galop :

— Hé ! hé ! clamait-il.

Je fis la sourde oreille, mais il me piqua de son sabre, et cet argument *ad hominem* étant sans réplique, je dus rejoindre la colonne. Il n'y avait plus à en douter : de par le petit billet, j'étais bel et bien saisi dans les griffes prussiennes et prisonnier.

Que le vieil artilleur à moustaches blanches, qui me pria si aimablement alors de lui donner mon sac à porter, reçoive de nouveau, s'il vit encore, un bien reconnaissant merci !

En traversant le bourg de la Guierche, nous aperçûmes près de l'église, non sans une véritable douleur, le sol jonché de débris de sabres et de fusils français brisés par les vainqueurs. Non loin de là nous rencontrâmes un fort détachement de soldats prussiens, l'arme au pied, pommadés, astiqués comme pour la parade; les mitrailleuses, en trêve de leur besogne de mort, enveloppées dans leurs fourreaux luisants, semblaient sortir de l'arsenal. Quelle propreté ! quel ordre ! quel contraste surtout avec nos pauvres mobiles déguenillés et mourant de faim ! La vue du prêtre catholique et du vieil artilleur simple soldat excita leur verve gouailleuse, et ce leur fut un malin plaisir de nous cribler de quolibets et de rires grossiers. Mon brave ordonnance improvisé, finissant enfin par perdre patience, s'arrêta tout à coup, et croisant les bras devant les insulteurs :

— Oui, je suis simple soldat, s'écria-t-il fièrement, mais je suis Français, et vous, vous n'êtes... que des Prussiens !

Nous marchions lentement. La plupart des prisonniers, blessés ou malades, avaient peine à se tenir debout; plusieurs même, comme moi, devaient avoir l'estomac joliment creux. On allait un peu à la débandade. Nos gardiens s'impatientèrent et devinrent colères. Me rappelant alors mon temps de surveillant au collège, je m'avançai en tête de la petite troupe, j'étendis les bras :

— Arrêtez-vous, leur dis-je, et mettez-vous en rang; il y va de notre intérêt à tous.

Les cavaliers me laissèrent dire et faire, et les soldats, comme de bons écoliers, m'obéirent avec une docilité parfaite.

II

Sur la paille.

La Trugale. — Un franc-tireur original. — Confessions émouvantes. — Un général pas gêné. — Prussien féroce. — Le duc de Mecklembourg. — Major peu gracieux. — Sauf-conduit.

Nous arrivâmes ainsi à La Trugale. Hélas ! quel triste retour des hasards de la guerre ! Là même, quelques jours auparavant, j'étais campé avec l'amiral Jaurès et le général du Temple. Au milieu même du village j'avais été témoin d'une assez drolatique aventure. Je faisais les cent pas sur la route avec le capitaine chargé ce jour-là de la police du bataillon, lorsque deux mobiles lui amenèrent un franc-tireur de Cathelineau.

— Cet homme, dirent-ils, est un déserteur.

Le petit soldat, chapeau crânement posé sur l'oreille, le fusil en bandoulière, l'air dégagé et presque gamin, se défendait de son mieux : il avait perdu son bataillon, s'était égaré..., etc., etc. Subitement, je me tournai vers le capitaine :

— On dirait une femme, lui dis-je.

— Croyez-vous?

— Certainement! Ces gestes gracieux, cette voix douce, cette figure absolument imberbe ne sont pas ceux d'un homme.

J'avais raison. J'ignore ce que l'on fit de la gaillarde.....

Le soir même il nous fallut décamper pour nous rapprocher de Sargé...

Quelle soirée! quelle nuit! Ah! madame, au cœur si peu français, qui prétendiez nous refuser l'hospitalité, que devint, dès le lendemain peut-être, votre château livré aux dures exigences des envahisseurs? Et vous, braves jeunes gens de garde, disséminés dans le parc, accolés au pied des grands arbres comme de véritables troncs recouverts de flocons de neige, vous rappelez-vous ma visite dans la nuit? Puis, quel départ précipité dès deux heures du matin! Et ces confessions au coin d'une grange, sur la paille! Et vous donc, fils d'une mère si chrétienne, qu'effrayaient si fort les mitrailleuses et la fusillade...

— O mon Père, entendez-vous? Que cela m'embête de me confesser; mais si j'allais mourir!

Oh! la bonne confession bras dessus bras dessous, au milieu des camarades! Quelles heures, mon Dieu, et que de souvenirs!!

A la Trugale, on nous conduisit au milieu du village, dans une maison où étaient déjà renfermés d'autres soldats français. A la porte, deux factionnaires se tenaient l'arme au bras. Mes camarades entrèrent.

— Bonne chance, amis! leur dis-je.

Puis reprenant mon sac avec un affectueux merci, je me disposais à continuer ma route vers le Mans, lorsque les sentinelles, d'une voix rauque, me rappellent à l'ordre et, dans un clin d'œil, croisent sur moi leurs baïonnettes. Il n'y avait plus à en douter, j'étais prisonnier comme les autres, et je dus suivre les amis. Quel désolant spectacle! Nous étions là environ cinquante Français, plusieurs blessés et malades, tous dévorés de soif, épuisés de fatigue et mourant de faim, jetés les uns sur les autres sur un peu de paille, sans couvertures et sans feu. Dès mon entrée, un des soudards, à moitié ivre, l'air féroce, la face blême encadrée d'un capuchon de laine sous un casque dont un éclat d'obus avait emporté la pointe, vint me secouer rudement; ma soutane, sans doute, avait provoqué sa haine. Quel type de gredin!

Cependant je prétendais bien recouvrer ma liberté. Je m'avançai donc sur le seuil de la porte pour essayer de montrer à quelque chef supérieur qu'un prêtre était là renfermé, au mépris des lois de la guerre. J'écrivis quelques lignes sur une feuille que je détachai de mon carnet; ce fut en vain que je priai les Allemands qui passaient de remettre le papier à l'un de leurs chefs : « Nix! nix! » fut leur seule réponse. Je vis enfin se diriger vers la maison un général assez rougeaud, à la barbe grisonnante :

— Monsieur, lui dis-je, ordonnez de me faire mettre en liberté. Voilà ma carte de Genève, ma feuille de route et mon signalement d'aumônier; je suis évidemment prisonnier par erreur.

— Si, vous prisonnier, me répondit-il en colère, et vous fusillé!

— Ah! on ne fusille pas comme ça les gens!

— Si, vous fusillé, et tous ceux que nous prendrons comme vous seront fusillés.

Le bonhomme avait sans doute pris son madère. Mais moi, plein d'indignation, et sans calculer la portée de mes paroles :

— Eh bien! vous n'êtes que des bandits!

— Ah! nous ne sommes que des bandits? répliqua-t-il; vous allez voir!

Et sur un signe de sa main, les deux sentinelles postées à mes côtés portèrent les armes; un mot de plus de ma part, j'étais enfilé. Tout alors, un capitaine de mobiles de la Vienne, blessé d'une balle au pied, et qui derrière moi avait assisté à ce dangereux colloque, me dit tout bas à l'oreille :

— Ne vous disputez pas; vous avez affaire au général duc de Nassau.

Je mis le conseil à profit, je me tus, et reculant d'un pas, je rentrai au milieu de mes compagnons.

La nuit fut douloureuse; mais, de l'aveu de tous, elle le fut particulièrement pour moi. On eût dit que le Prussien sans pointe était chargé de me martyriser; il s'acharna contre moi. Non content de me voler des caleçons renfermés dans mon sac, il me fouilla avec une brutalité quasi féroce. N'avait-il point l'espoir de trouver sur moi un revolver ou toute autre arme? Dans ce cas, le prétexte était tout trouvé, et j'aurais été sans scrupule fusillé par ces gredins. Malgré cela, à un moment ce drôle me dit :

— Sortez! on va vous fusiller.

Je sortis en effet avec lui, mais je n'eus à subir d'autre ennui que quelques minutes de baragouinage tudesque entre plusieurs soldats au dehors de la maison. Deux heures après environ, cet aimable homme revint de nouveau vers moi; je causais avec un sergent de mobiles du Gers, le fils d'un notaire, couché près de moi sur la paille.

— Sortez! Vous allez être fusillé.

Cette fois nos bons soldats me crurent perdu; leur compassion fut sincère. Je sortis donc; mais cette fois encore, mon bon ange me garda, et après quelques bousculades de l'ivrogne, je réintégrai mon salon de paille.

Vers deux heures, quelques coups de canon dans le lointain nous firent croire à un retour offensif de l'armée de Chanzy et espérer la délivrance. Nous nous trompions. Or, voilà que le feu prend à la maison où nous sommes renfermés; on se presse vers la porte, mais les sentinelles nous repoussent à l'intérieur, au risque de nous laisser rôtir tout vifs. Grâce à Dieu, le feu s'éteignit.

Le jour parut enfin. Hélas! le déjeuner ne sonna pas plus pour nous ce matin-là que le souper et le dîner de la veille. Ces Prussiens avaient réellement le cœur dur. Un mobile prudent avait encore conservé un peu de cidre dans son bidon; il me permit d'y boire; j'en fus tout ragaillardi. Plusieurs heures se passèrent. Nous causions des chances d'aller en Prusse; moi, je confessais un franc-tireur qui, disait-on, était condamné à mort, et j'offrais en vain à un paysan de la Trugale d'aller prévenir Mgr Fillion de ma captivité, quand, à ma grande surprise, le général en chef me fit mander sur le seuil de la porte. C'était le duc de Mecklembourg, dont le quartier général était en face de nous. Il avait sans doute eu vent de ma dispute avec le duc de Nassau, en sorte que ce qui aurait pu me perdre devint la cause de ma délivrance. D'un ton fort poli et en excellent français :

— Vous êtes libre, me dit-il, vous pouvez partir et vous retirer au Mans.

— Mais, général, j'ai déjà été fait prisonnier, ayez la bonté de me donner un sauf-conduit.

— Vous n'en avez nul besoin puisque vous avez passé les lignes prussiennes et que d'ici le Mans vous ne rencontrerez que des soldats prussiens.

Là-dessus il me fit un salut et se retira.

Quant à moi, heureux de la bonne nouvelle, je prends mon sac, très allégé par les indiscrétions prussiennes, j'écris l'adresse des familles de plusieurs soldats, je reçois force poignées de main, je distribue le reste de mes cigares et je me mets en route. Je n'avais pas fait quinze pas que deux factionnaires, placés de chaque côté du chemin, croisent la baïonnette et m'empêchent d'avancer. Ils obéissaient à la consigne. Toutefois, comme ils avaient vu le duc de Mecklembourg me parler, ils comprirent bien que je ne m'évadais pas et ils se mirent à rire. J'en fis autant et je revins sur mes pas. A la porte de la maison occupée par le duc, je rencontrai un aide de camp déjà âgé. Dès en m'apercevant il ôta son béret, et du ton de la plus exquise politesse — il devait être catholique :

— Que désirez-vous ? me demanda-t-il.

— Parler au duc et obtenir de lui un sauf-conduit pour retourner au Mans.

— Ce n'est pas à lui qu'il faut vous adresser, c'est au major Schlieffen, qui loge à ce perron à droite que vous apercevez d'ici.

Je le remercie et j'entre chez le major. J'ignore si les années et les honneurs — successeur du général de Waldersee, il est aujourd'hui major général de l'armée allemande — ont rendu ce monsieur moins grincheux, mais il est certain qu'il me reçut avec une arrogance inouïe ; je le dérangeais peut-être, lui et son ordonnance, dans leurs préparatifs de départ. L'appartement était dans un désordre complet : ceinturons, sacs de voyage, ustensiles de cuisine, couettes et matelas pêle-mêle sur le plancher ; accroupis dans un coin, plus morts que vifs, les deux vieux époux, propriétaires de la maison.

— Je viens, lui dis-je, vous demander un sauf-conduit.

Puis je lui expliquai comment j'avais été fait prisonnier et comment, après avoir été mis en liberté par le duc, je venais d'être de nouveau arrêté par les sentinelles.

— Asseyez-vous! me fit-il durement.

Je m'appuyai le dos à une table, pendant que, muni d'une longue feuille de papier, il se mettait en train d'écrire. Après avoir écrit une dizaine de lignes :

— Vous êtes un menteur! s'écria-t-il. Vous n'êtes pas prêtre; je vais vous faire fusiller.

Ces aimables gens ne parlaient que de fusiller. Il écrivit encore quelques lignes, puis se levant brusquement :

— Venez avec moi chez le duc; vous n'êtes qu'un espion!

Ma soutane, ma feuille d'officier, mon brassard et ma carte de Genève ne suffisaient pas à le convaincre. Nous traversâmes la route. Il était temps : les chevaux du duc, sellés, attendaient à la porte; le général prenait son café et se disposait à partir.

Nous entrâmes. En me voyant, le duc fit deux ou trois « ah! ah! » prit des mains du major la feuille qu'il lui présentait, et, après un échange de quelques paroles entre eux, il écrivit lui-même deux lignes au bas du papier. En me remettant la pièce :

— C'est votre signalement, et mes deux lignes sont un ordre de vous passer par les armes si vous essayez de franchir les lignes prussiennes. En arrivant au Mans, ne manquez pas d'aller remettre cette feuille au commandant de place.

Pouvait-on vraiment être plus gracieux ? Je pris le papier signé, paraphé, muni de tous les sceaux officiels, je le pliai et le plaçai délicatement dans mon bréviaire. Pour le coup j'étais bien en règle.

III

Voyage mouvementé.

Francs-tireurs ? — L'homme aux vaches. — Ferme envahie. — Un aumônier imprudent. — Le beau revolver.

La distance de La Trugale au Mans est d'environ deux lieues. Mais j'étais fatigué, épuisé ; de plus, la route, couverte de neige à moitié fondue, était difficile ; aussi le trajet me parut-il d'une interminable longueur. Le général ne s'était pas trompé. J'étais bien, hélas ! en plein pays prussien. Au bout d'un quart d'heure à peine, je me trouvai en face d'une colonne de cavalerie considérable. L'avant-garde m'arrête :

— Francs-tireurs? Francs-tireurs? me criaient-ils.

Ils avaient, paraît-il, une peur bleue de ces hardis enfants perdus. Je fis la remarque que la plupart des chefs tenaient des cartes à la main pour bien se rendre compte des moindres routes.

Un peu plus loin, je rencontrai un soldat à la mine réjouie, tout fier de conduire un troupeau de bœufs et de vaches volés dans les fermes voisines. J'essayai de l'éviter; lui vint à moi, en quête sans doute de nouvelles. Je n'avais point le cœur à la causette.

— Laissez-moi continuer ma route, lui dis-je, je ne comprends rien d'ailleurs à votre charabia.

Il redoublait de bavardage; pour l'embêter à mon tour, je lui parlai anglais; sa figure s'épanouit d'un gros rire niais, et me mettant la main sur l'épaule :

— Vous, bon enfant.

Je finis enfin par me dégager du Teuton et de ses vaches.

Délivré de cet ennuyeux, je m'entendis, quelques instants après, hêlé par un paysan debout près d'une barrière, au travers d'une haie :

— Ah! monsieur, que je suis malheureux, s'écriait-il, ne pourriez-vous me secourir ?

Je m'approchai de lui.

— Les Allemands, me dit-il, ont envahi ma maison; ils m'ont tout pris, depuis mes bestiaux jusqu'à mes pommes de terre; ils nous ont chassé de notre demeure ma femme et moi; nous n'avons pas mangé depuis deux jours... Ma femme, ajouta-t-il, ne peut plus nourrir son enfant; ils vont mourir tous les deux.

Je le suivis. Dans la grande pièce du rez-de-chaussée, des Prussiens raccommodaient des selles et des harnais, pendant que d'autres attisaient le feu sous une immense chaudière débordant des pommes de terre du malheureux et suspendue à trois pieux piqués au beau milieu de l'appartement. Je ne pus m'empêcher de penser aux Cimbres de Marius. J'arrivai près d'un étroit fournil; la jeune femme, confinée dans un coin, pâle et défaite, semblait anéantie; l'enfant, les yeux éteints, râlait dans les bras de sa mère. Mais que pouvais-je donner à ces braves gens autre chose que d'encourageantes paroles, n'ayant pas même à ma disposition le moindre morceau de pain?

Cependant les tours de Saint-Julien grandissaient devant moi. Je touchais presque au village de Coulaine, si pittoresquement situé au fond de la vallée, quand j'aperçus venir à ma rencontre un prêtre français, barbe longue et croix rouge au chapeau, évidemment un aumônier. Lorsque nous fûmes l'un près de l'autre :

— Pourriez-vous m'indiquer où se trouvent les francs-tireurs de Cathelineau ?

— Comment, lui répondis-je, espérez-vous les rencontrer ? Les Prussiens ne sont-ils pas d'au moins dix lieues en avant ? Et quand même le bataillon que vous cherchez serait dans cette direction, il vous serait désormais impossible de le rejoindre.

Je lui racontai comment j'avais été fait prisonnier, menacé, maltraité, fouillé, et combien j'avais été heureux de n'avoir aucune arme sur moi.

— Moi, s'écria-t-il, j'ai dans ma poche un magnifique revolver, incrusté de nacre, auquel je tiens beaucoup.

— Une raison de plus de ne pas vous engager plus avant ; si les Prussiens vous arrêtent, vous vous exposez à passer un mauvais quart-d'heure entre les mains de ces gens-là, aussi peu respectueux de la soutane que de la croix de Genève.

J'avais à peine prononcé cette parole que s'ouvrit la porte d'une maison voisine. Dix ou douze prisonniers français en sortirent, escortés de soldats allemands. L'un des Prussiens nous aperçoit, se jette sur nous, nous saisit brutalement à la gorge et nous pousse vers la petite escouade.

— Hein? fis-je à l'abbé Letort; donnez-moi le bras, ne dites rien et laissez-moi faire.

J'ouvre mon bréviaire et j'en retire le sauf-conduit du général. Le Prussien, tout ahuri de cette apparition subite de paraphes et de cachets allemands, n'examine pas s'il s'agit d'un seul ou de deux; il nous lâche aussitôt, nous fait même force saluts, accompagnés sans doute d'excuses d'avoir osé mettre la main sur nous.

Quand nous fûmes seuls :

— Eh bien! mon cher, avouez que vous venez de l'échapper belle. Inutile, vous le voyez, d'aller plus loin; si même vous voulez m'en croire, débarrassez-vous au plus vite de votre compromettant revolver.

— Cela me coûte, mais vous avez raison.

Et, bras dessus bras dessous, nous reprenons la route du Mans. Mais comment se débarrasser du malencontreux joujou? La route était pleine de soldats prussiens. Nous entrons dans un champ; on y relevait et l'on y enterrait des soldats tués les jours précédents. Nous vîmes là — singulier effet de la mort! — le cadavre d'un lieutenant de mobiles de la Sarthe, dont la face et la poitrine, noires comme de l'ébène du côté gauche, étaient demeurées d'un blanc d'ivoire du côté droit. Une petite plaie, au bord teinté de sang noir, indiquait clairement qu'une balle l'avait frappé en plein cœur.

Une haie nous séparait d'une ferme ; nous entrâmes dans la cour, au coin de laquelle se dressait un énorme tas de fagots.

— Si j'y glissais mon revolver ?

— Ce ne serait pas prudent ; vous pourriez compromettre les gens de la maison.

Puis, avisant tout près un puits profond, l'abbé se pencha sur la margelle et y laissa tomber l'arme compromettante. Peut-être, à l'heure actuelle, le beau revolver nacré y est-il encore. Arrivés en ville, nous nous serrâmes cordialement la main en nous disant adieu, lui se félicitant de ma rencontre providentielle et disposé à quitter le Mans au plus vite.

IV

Une maison hospitalière.

Mme Javary - Duguesseau. — Une rencontre. — Aumônier bien gardé. — Chanzy. — Visite à Mgr Fillion.

Pour moi, je me rendis immédiatement, selon l'ordre reçu, au bureau de la place. Je trouvai là, en grande discussion avec le colonel prussien, le curé de Saint-Julien du Mans ; le commandant prétendait que l'on avait tiré sur les troupes allemandes du haut des tours et ne parlait de rien moins que d'incendier la cathédrale. Le curé parti, je remets mon sauf-conduit au colonel.

— Vous savez, me dit-il, ce que contient cette pièce ? C'est votre signalement, et l'ordre formel de vous fusiller si vous essayez de franchir nos lignes.

J'insistai vainement pour me faire rendre cette pièce que j'aurais été si heureux de conserver.

Me voilà donc seul, dans cette grande ville, entre les griffes d'un ennemi vigilant, sans ressources et dans l'impossibilité de fuir ; de noires pensées m'accablaient. La Providence toutefois ne m'abandonna pas. Lors de la première entrée de l'armée de la Loire au Mans, après les affaires de Marchenoir et de Fretteval, la municipalité m'avait octroyé un billet de logement chez une riche et pieuse chrétienne, Mme Javary-Duguesseau. Cette dame avait daigné m'accueillir comme un fils et m'avait offert une hospitalité généreuse et dévouée. Je ne pouvais dans ma détresse oublier cette âme charitable, et je me dirigeai vers la place des Jacobins, où elle demeurait.

Hélas ! que de changements depuis quinze jours ! La porte de la maison, grande ouverte, laissait voir le vestibule rempli de sacs, de fusils et de casques prussiens ; à droite, la cuisine, au dallage si luisant jadis, regorgeait de vaches se montrant aussi à l'aise que chez elles ; à gauche, l'élégant salon, rempli de l'épaisse fumée des pipes, était occupé par des soldats de Guillaume criant à tue-tête et se prélassant sur les fauteuils et les chaises de velours. Malgré le tapage, j'appelai. La domestique me reconnut à la voix et se hâta de descendre.

— Ah ! c'est vous, monsieur l'aumônier ! Madame va être bien heureuse de vous revoir !

Introduit auprès de sa maîtresse :

— Soyez le bienvenu, me dit-elle; oh! que vous paraissez fatigué!

— Merci, madame, de votre bon accueil. Oui, je suis bien fatigué; je n'ai pas mangé depuis trois jours, et mes pieds, emprisonnés dans leurs bottes depuis sept jours, me font horriblement souffrir!

— Vite, Annette, mettez la table, et servez tout ce que vous pourrez à ce pauvre abbé.

Je ne sais plus ce qui me fut servi, mais je sais qu'après avoir mangé durant près d'une heure je n'étais pas encore rassasié. Pendant ce temps, la bonne hôtesse me raconta l'entrée dramatique des Prussiens en ville, le massacre, sur les marches de la cathédrale, d'un zouave qu'elle avait vu repousser d'une maison voisine où il cherchait à se réfugier, et mille autres détails affreux et navrants. Il fut convenu que j'irais sans retard prévenir Monseigneur de mon retour forcé. Le conseil était sage; je m'empressai de le mettre à exécution.

Voilà qu'au milieu de la place des Jacobins, je suis abordé par un monsieur dont l'étrange costume venait d'attirer mes regards : larges pantalons enfermés dans des bottes molles et vernies, redingote boutonnée, recouverte d'un ample manteau descendant à mi-corps, toque en fourrure grisâtre.

— Pourriez-vous, me dit-il, m'indiquer où demeure M. l'évêque? Je suis l'aumônier du prince Frédéric-Charles, et je veux demander à Monseigneur la permission de chanter un *Te Deum* dans la cathédrale, car, ajouta-t-il d'un air mignard, nous sommes polis, nous autres Prussiens.

— Monsieur, je vais moi-même chez Monseigneur; si vous voulez m'accompagner, je vous y conduirai volontiers.

En passant devant l'antique cathédrale s'offrit très vive encore à ma mémoire la nuit que j'y avais passée la veille de Noël, en compagnie de six cents gendarmes. J'en avais rencontré deux, près de là, qui m'avaient demandé à se confesser; j'étais entré avec eux, et la Providence m'avait ménagé auprès de ces braves gens, jetés peu de jours après à la gueule des canons prussiens, un ministère consolant dont je garde au cœur le plus doux souvenir. Me revint aussi à la pensée l'intime causerie de Chanzy, le matin même de Noël, avant la grand'messe, dans la salle du Chapitre. J'entends encore le général énumérer ses batteries échelonnées sur les collines qui entourent Le Mans et, plein d'espoir, nous dire combien il se croyait assuré de repousser l'ennemi. On sait quelle affreuse débandade, malgré trois beaux jours de bataille, fut le résultat de sa confiance! Excellent capitaine Grouazel, percé depuis à Pontlieue par les baïonnettes prussiennes, c'était là, tout près, que je vous avais une dernière fois serré la main et, douloureusement, à vous aussi, j'envoyai un souvenir d'ami.

Un quart d'heure après nous arrivions au palais épiscopal. Introduit d'abord, j'expliquai à Sa Grandeur ma situation et je lui annonçai l'étrange visiteur qui désirait lui parler. Monseigneur, à la bienveillance duquel j'avais été précédemment recommandé d'une manière affectueuse et très spéciale, se montra extrêmement gracieux.

— Je vous revois avec plaisir, me dit-il; je vous donne tous pouvoirs dans mon diocèse; allez dans les ambulances, les églises et les chapelles, et faites tout le bien que vous pourrez. Quant au logement, dites de ma part à Mme Javary que je la prie de vous recevoir et de vous donner l'hospitalité. Je serai même content de vous savoir chez elle; je sais sa maison envahie par cinquante Prussiens; moi-même je lui ai demandé de loger et de nourrir six religieuses d'Evron chargées des ambulances du *Grand* et du *Petit Théâtre;* votre présence lui sera d'un précieux secours.

Je remerciai Sa Grandeur, puis entra l'aumônier de Frédéric-Charles. Quand au bout de dix minutes d'entretien avec Mgr Fillion il sortit :

— Je suis enchanté, s'empressa-t-il de me dire, de la réception de l'évêque ; il a été fort aimable et je vous remercie de m'avoir conduit...

De nouveau nous fîmes route ensemble jusqu'à l'entrée de la place des Jacobins, où il me quitta pour rentrer chez M. Desgraviers, où il s'était très confortablement installé.

Mme Javary se soumit avec une admirable charité aux désirs de l'évêque.

— Je n'ai plus, hélas ! me dit-elle, de belle chambre à vous offrir aujourd'hui ; les Prussiens ont pris tous mes appartements ; c'est à peine si j'ai pu me réserver ma chambre à moi-même et le petit cabinet voisin pour mes deux filles de service ; les religieuses sont reléguées au grenier ; il ne reste plus inoccupée qu'une étroite chambre de domestique au troisième étage, échappée comme par miracle aux soldats ; la voulez-vous ?

On devine si j'acceptai avec reconnaissance.

Entré dans ma chambrette, mon premier soin fut d'ôter mes bottes durcies et recoquillées par la neige. J'avais trois doigts de pied presque gelés, noircis et gonflés par le froid. J'en ressentis une impression pénible. Le mal n'était pas heureusement si grand q j'aurais pu le craindre; mais je n'en conserve pas moins depuis lors une réelle difficulté à marcher.

V

Le Révérend Becker.

Échange de souvenirs. — La carte du Mans. — Le buste de Mgr Bouvier. — Sévérités prussiennes.

L'aumônier protestant de Frédéric-Charles s'empressa de chanter, à la cathédrale, son *Te Deum* de victoire, auquel assistèrent, en grande tenue, les troupes allemandes. Dès l'après-midi du 16, il vint me faire visite. On l'introduisit dans la chambre de Mme Javary, seul appartement disponible dans la maison, et qui forcément servait à la fois de cuisine, de salle à manger et de salon de réception. Le parquet, formé de petits carreaux de pierre, était admirablement ciré. Le Révérend, dont les bottes étaient empreintes de neige glacée, n'y ayant pas pris garde, glissa en faisant ses salutations et tomba à la renverse sur... son prussien. Quoique saisi d'une folle envie de rire, néanmoins je gardai assez bien mon sérieux et, l'aidant à se relever, j'eus encore la présence d'esprit de lui demander s'il ne s'était pas fait trop grand mal. Il fit contre fortune bon cœur ; quand il fut assis :

— Je viens, dit-il, vous remercier de m'avoir conduit chez Monseigneur ; veuillez accepter ce petit livre en souvenir de moi.

Il me présente un volume in-12, intitulé : *Les amis du pauvre ou les congrégations religieuses et leur œuvre à travers les siècles,* par C. d'Aulnoy. Où l'avait-il volé ? Ce volume, que j'ai sous les yeux en écrivant ces lignes, porte à la première page, écrit de sa main : *Souvenir de l'aumônier prussien Ferdinand Becker. Le Mans, le 16 janvier 1871. Solliciti servare unitatem spiritus in vinculo pacis.* (Epist. S. Pauli ad Ephesios, IV, 3.)

— Ces paroles de l'apôtre saint Paul, ajouta-t-il, furent écrites par le Pape Pie IX sur une image qu'il me donna, il y a deux ans, lors de ma visite à Rome. Je vous prie de me donner, vous aussi, un souvenir.

Je lui offris mon portrait.

— Merci, dit-il en le recevant, mais veuillez y mettre votre signature et une parole de l'Écriture sainte.

Je ne nie pas que je fus un instant embarrassé. Je fus subitement inspiré d'écrire ces paroles de l'Apocalypse : *Ego quos amo, arguo et castigo.*

— Vous êtes la verge, lui dis-je, dont Dieu se sert pour châtier la France ; mais il nous aime toujours, et vous savez que la verge qui avait châtié fut à son tour brisée.

Il eut le bon esprit de ne pas se fâcher.

Mais voilà-t-il pas que tout en causant il aperçoit, suspendue dans un coin de l'appartement, une très belle carte des cantons du Maus. Il se lève, va droit à la carte, et, la contemplant :

— Oh! la belle carte! s'écrie-t-il; je suis sûr que le prince serait heureux de l'avoir!

Il attendait un aimable *oui; ô monsieur, prenez donc;* mais Mme Javary et moi ne lui répondîmes que par le silence. Il revint vers nous. Puis la tentation devenant plus forte, il prend une chaise, monte dessus et dépend la carte.

— Il va l'emporter, disions-nous tout bas.

— Oh! la belle carte! ne cessait-il de dire en l'étendant sur la table.

Il la reprend enfin et la remet à sa place, en me disant :

— Oh! si je n'étais pas votre ami!

Nous lui sûmes gré de cette victoire sur lui-même, car il était facile de comprendre combien Frédéric-Charles eût été satisfait de recevoir cette carte si détaillée et si utile pour lui dans la circonstance. Quand la guerre fut terminée, Mme Javary m'envoya cette carte; elle est aujourd'hui appendue à l'entrée de ma chambre, où sa vue quotidienne m'empêche d'oublier ce curieux petit épisode de ma vie d'aumônier.

Dans une autre de ses visites, le Révérend Becker nous rendit un réel service. J'ai déjà dit combien nous étions à l'étroit dans la maison hospitalière de Mme Javary : les religieuses réduites au grenier, et qu'il était prudent de mettre sous clef chaque soir; l'aumônier relégué dans sa chambrette; Madame et ses deux filles de service dans un seul appartement, et par-dessus le marché plus de cinquante Prussiens garnissant tous les coins de la maison. Malgré cette large part à eux faite, ces messieurs n'en avaient pas encore, paraît-il, assez, puisque à chaque instant ils essayaient de s'emparer du reste. Tout spécialement un soir, comme je remontais à mon humble gîte, je surpris un sergent prussien qui en faisait l'assaut et en secouait terriblement la porte :

— Voulez-vous laisser cette porte, lui dis-je; vous ne voyez donc pas la croix de Genève fixée au-dessus? Descendez.

Le gaillard secouait toujours. Je le pris par le dos et le poussai dans l'escalier. On ne réfléchit pas toujours quand on est jeune. Comme il dégringolait les marches, il dégaîna son sabre, et certes, dans cet endroit isolé, il m'aurait fait un mauvais parti, si mon bon ange ne m'avait encore protégé cette fois et si je n'étais rentré rapidement chez moi.

Le lendemain, je racontai cette scène à l'aumônier, ainsi que les ennuis de tous les jours.

— Avez-vous de la craie? me dit-il.

— Non.

Avisant alors sur la cheminée un petit buste en plâtre de Mgr Bouvier, ancien évêque du Mans, il le prend, ouvre la porte et, le tenant de ses deux mains, par la tête et le cou :

— Allons, Monsieur l'évêque, écrivez : « Chambre réservée à Madame, » dit-il en traçant avec le socle de la statuette les lettres sur la porte peinte gris foncé.

Puis il monta à ma chambre :

— Monsieur l'évêque, écrivez encore : « Chambre réservée à l'aumônier. »

Cette opération, il faut en convenir, ne témoignait pas d'un respect exagéré pour l'évêque, mais elle nous fut d'un grand secours : désormais aucun Prussien n'osa plus essayer de forcer ces chambres si bien protégées par une défense en règle et de l'allemand authentique.

Sa dernière visite me rappelle un incident tragico-grotesque.

— Je viens vous faire mes adieux, me dit-il un soir de la fin de janvier ; je quitte le Mans demain, avec le prince, qui se rend à La Flèche.

Bien qu'il fût très tard, je sortis avec lui pour lui faire quelque pas de conduite. Sur le trottoir, faiblement éclairé par la pâle lumière d'un réverbère, nous rencontrons deux soldats prussiens qui se mettent à rire en nous voyant. Maître Becker me quitte, va droit à eux et leur parle d'un ton sec, tout en rejetant sur l'épaule gauche le pan de son manteau qui couvrait sa croix de fer. Les deux pioupious, comme mus par un ressort, se découvrent et se mettent au port d'armes. Lorsqu'il m'eut rejoint :

— Qu'y a-t-il donc ?

— Ils vous ont insulté ; je veux qu'ils respectent les prêtres catholiques comme nous, et j'ai menacé de les faire fusiller.

— Eh ! mon Dieu, qu'ont-ils donc dit ?

— Ils ont dit que si votre chapeau faisait des petits, il fallait leur en garder.

J'ai toujours cru qu'ils s'étaient moqués de sa toque.

Ces menaces exagérées me remettent en mémoire quelques traits de sévérité de la discipline allemande dont j'ai été le témoin. Comme je rentrais, un jour, un soldat bouclait son sac sur le seuil de la porte, la tête inclinée et le dos tourné à la rue. Un capitaine passe, s'approche du soldat, tire son épée et l'en frappe à coups redoublés sur le cou. Quand l'officier se fut éloigné, je dis au soldat :

— Qu'avez-vous donc fait ?
— Moi pas avoir fait ça.

Et le Prussien, mettant la main à son casque, me fit le salut militaire. Cependant, le malheureux, dans la position où il était, n'avait pu voir passer son chef. Une autre fois, je vis dans la cour de la maison, attaché avec une petite ficelle à la roue de la voiture, un fort gaillard dans la force de l'âge. Je le questionnai. Il m'apprit qu'il avait été condamné à passer ainsi attaché à la voiture trois heures par jour, durant trois jours, pour n'avoir pas eu ses bottes bien cirées à la revue. Je ne parle pas des pelotons de punition que je voyais manœuvrer sous ma fenêtre, sur la place des Jacobins. C'était d'un cocasse achevé, mais ces exercices devaient être quand même bien pénibles pour les pauvres patients. Je n'ose parler d'une jeune fille qui fut tuée près de nous, une nuit, à coups de baïonnette. L'histoire a dû au moins enregistrer l'imposition tyrannique de Frédéric-Charles, à la Municipalité du Mans, d'une contribution de guerre de deux millions; mais a-t-elle raconté l'exigence absurde de cinquante bouteilles de champagne par jour, et l'obligation d'illuminer, tous les soirs, les salons de la Préfecture, comme aux grands jours de fêtes et aux réceptions solennelles?

VI

A travers le Mans.

Marthe de Moltke. — Aux ambulances. — Un convoi prussien. — Incendie de l'évêché. — Le plateau d'Auvours.

Une politesse en réclame une autre. J'allai donc rendre visite à mon tour au Révérend Becker et le remercier de son obligeance. On me dit chez M. Desgraviers que le pasteur était insupportable. Je dois avouer qu'envers moi il fut toujours délicat et poli; c'était d'ailleurs un homme instruit et intelligent. Nous causâmes religion et théologie. Enfin, après m'avoir montré les belles coupes dont il se servait pour la communion de ses soldats, deux énormes calices d'argent massif :

— Je suis, dit-il, fiancé avec Marthe de Moltke, la nièce du maréchal ; nous nous écrivons tous les jours ; tenez, voici son portrait et la lettre d'aujourd'hui.

Il m'en donna lecture. Les quatres pages d'une écriture serrée traitaient une question de philosophie. Au bas seulement de la dernière page, il y avait ces mots : « Quand nous reverrons-nous ? »

— Tel est, me dit-il, l'objet de notre correspondance journalière.

Sous la plume de deux amoureux, peut-on imaginer rien de plus allemand ? Je n'ai plus revu le Révérend. Mais il a eu l'amabilité de m'écrire à l'époque de son mariage, et une fois depuis, il y a environ quinze ans. J'ignore ce qu'il est devenu.

En dehors de ces causeries, ma vie était sérieusement occupée dans les diverses ambulances et les hôpitaux de la ville, où j'usais largement des pouvoirs que Monseigneur m'avait conférés, visitant et confessant les blessés et les malades, enterrant les morts. Quel spectacle désolant ! A Sainte-Croix, au milieu de bien d'autres, M. de Becdelièvre, M. du Clézieux, grièvement blessés tous les deux, l'un à la figure, l'autre au ventre... Au Carmel, M. de Behr, ancien sous-préfet de Lorient, engagé volontaire, blessé au bras, etc., etc... Partout la désolation, la souffrance, la mort! Oublierai-je jamais le funèbre convoi que je conduisis un jour, au cimetière, de deux camions chargés de vingt-deux soldats français? De plusieurs on ignorait même les noms. Pauvres jeunes gens et malheureuses mères!!

En revenant de remplir l'un de ces tristes ministères, je rencontrai le convoi d'un officier prussien. C'était un capitaine d'artillerie tué à Changé, le second jour de la bataille. L'aumônier m'avait parlé de la perte sérieuse que faisait en lui l'armée allemande.

— C'était le plus habile pointeur de l'armée, m'avait-il dit; quand le roi apprendra sa mort, il en sera profondément affligé et il en versera des larmes.

Le cercueil était couvert d'une montagne de fleurs; on avait dû, pour lui, piller les plus belles serres de la ville. En passant près du cercueil, je me découvris, — on doit toujours respecter la mort, — mais je me hâtai de remettre mon chapeau, à la grande colère des Prussiens. Y pensez-vous? Un petit Français qui avait l'audace de passer chapeau sur la tête auprès des majors et des généraux prussiens! Ils eurent beau murmurer dans leur barbe, je restai couvert et je continuai mon chemin.

Un matin, comme je rentrais de la cathédrale, j'entendis crier : « Au feu! A l'Évêché! » L'ordonnance d'un général prussien y avait, disait-on, mis le feu par mégarde, dans la mansarde qu'il occupait. Je me hâtai d'y courir. L'incendie était effrayant : dans un instant, les flammes avaient envahi les salons, la bibliothèque et le bureau de l'évêque. Debout dans le petit jardin d'entrée, Mgr Fillion contemplait, les yeux pleins de larmes, ce désolant spectacle. Sa Grandeur me tendit la main et me remercia d'être venu. J'aidai à ramasser quelques livres que l'on jetait par les fenêtres ; mais la violence du feu était telle que rien ne fut sauvé. Monseigneur fut obligé d'aller demeurer au Grand-Séminaire ; ce fut là que j'allai, quelques jours après, prendre congé de lui et recevoir son affectueuse bénédiction.

Raconterai-je ma visite, par une claire après-midi, au plateau d'Auvours, en compagnie de l'abbé Briand, jeune séminariste du diocèse de Saint-Brieuc, engagé volontaire dans les zouaves de Charette? Sur le sommet même du plateau, une balle lui avait labouré le bras, lui faisant, par une générosité cruelle, une double blessure. Qui, mieux que lui, pouvait me raconter l'héroïque épisode d'Auvours? Après avoir visité les blessés étendus dans les salles de l'école des Sœurs d'Yvré-l'Evêque et contemplé les murs troués par les obus, nous franchîmes le petit pont de bois et gravîmes la colline témoin de la vaillante charge des zouaves.

— Voici l'endroit où j'ai été blessé, me dit l'abbé Briand; ici, à quelques pas de moi, sur la même ligne, a été tué le capitaine de Bellevue; je suis même persuadé que la balle qui m'a touché est celle qui l'a tué.

Il y avait encore tout autour de nous d'énormes flaques d'eau ensanglantée, des morceaux d'armes, de vêtements, des fragments de journaux et de lettres, tristes débris de la dépouille des morts. Nous nous agenouillâmes auprès d'un des monticules funéraires, nombreux à cette place, et nous récitâmes un *De Profundis* à l'intention des héroïques soldats qui dormaient là, sous terre, leur dernier sommeil.

VII

Disette en perspective.

Les scrupules d'Annette. — Excellents biftecks.
Cigares prussiens. — Une boîte de conserves.

On aurait tort de croire que les Sœurs et l'aumônier étaient nourris comme des princes chez la charitable chrétienne de la place des Jacobins. Les Allemands regorgeaient de vivres, et, bien que j'aie vu des soldats préparer certain fricot avec de la chandelle, on peut dire qu'ils ne manquaient de rien. Il n'en était pas de même de nous; notre ordinaire, déjà modeste, se faisait de plus en plus maigre. La provision de bois, dans laquelle les Prussiens puisaient en maîtres, diminuait à vue d'œil. On en était déjà réduit à cuire les repas avec les in-folio de la bibliothèque de l'ancien juge. La viande était d'un prix presque inabordable; les œufs aussi devenaient rares pour l'humble omelette du déjeuner. Nous commencions véritablement à pâtir et à nous inquiéter. Témoin de nos plaintes, Annette la cuisinière nous apprit qu'une des chambres du premier étage, occupée par un capitaine, était remplie de morceaux de viande superbes. C'était un capitaine aux subsistances.

— Comment, lui dis-je, malheureuse, pourquoi ne le disiez-vous plus tôt? Il faut aller prendre de la viande à ce Prussien.

— Mais, monsieur l'aumônier, ce serait faire un vol.

— Allez voir si l'officier est sorti, et revenez me dire.

Un instant après :

— Oui, monsieur, la chambre est ouverte et le capitaine est absent.

— Parfait! Eh bien, venez vite avec moi.

La bonne me suivit, non sans rechigner, dans la chambre. Deux grandes tables y étaient couvertes de belle viande rose et fraîche, filets de bœuf, gigots de mouton, côtelettes de veau, tous morceaux de choix.

— Indiquez-moi, Annette, quels sont les meilleurs, et tendez votre tablier.

Quand le tablier fut rempli par cette intelligente et patriotique razzia :

— Hâtez-vous, dis-je à la cuisinière, de porter cela dans la chambre de Madame, et cachez-le bien ; vous savez que nous n'avons pas fait l'ombre d'un vol ; ce tour est de bonne guerre et nous allons nous régaler à la santé des Prussiens.

Il m'en souvient encore, les filets étaient exquis et les côtelettes délicieuses. Sœur Olympe fut absolument de mon avis. Il était temps de déguerpir; l'officier remontait à sa chambre. Il portait dans ses deux mains une boîte ouverte pleine de cigares d'un beau jaune clair et d'une excellente odeur de musc. J'étendis la main, non pour en prendre, mais par simple curiosité. L'officier, croyant sans doute que j'en désirais, mit la boîte par terre et y plongeant ses deux mains, il m'offrit une ample provision de cigares en me disant :

— Tous les deux jours nous en recevons d'Allemagne une boîte pareille.

Je le remerciai; mais en les emportant je me disais :

— Vraiment, il ne va plus manquer, pour faire un festin complet, qu'une bouteille de champagne de Frédéric-Charles !

Ces bons Prussiens s'aperçurent-ils du larcin commis? Je ne le crois pas, la quantité de viande disparue ne dut pas être assez sensible dans l'immense tas. Il n'en est pas moins vrai qu'à son départ cette compagnie de passage essaya de nous jouer un bien vilain tour.

— Monsieur l'aumônier, venez donc voir!

C'était Annette qui m'appelait pour me montrer deux grosses boîtes de conserves de bœuf abandonnées sur une cheminée par les Prussiens; l'une, presque vide, ne contenait plus que quelques menus morceaux, mais l'autre, toute pleine, laissait voir sur le dessus une couche de graisse blanche et fraîche.

— Bon! dit la brave fille, cela nous fera encore quelques bons déjeuners.

En cuisinière curieuse, elle y enfonce son doigt; mais le retirant aussitôt :

— Pouah! fit-elle, quelle horreur! Sont-ils crasseux ces Prussiens!

Pas n'est besoin de dire ce que contenait la boîte.

VIII

La Délivrance.

L'armistice. — L'abbé Briand. — Départ difficile.
Arrivée à Rennes.

Cependant l'heure de la délivrance approchait. La France, vaincue, venait de signer un arrangement provisoire avec l'Allemagne en attendant la conclusion définitive de la paix. Mme Javary, dont l'intention était de se retirer au Carmel, m'avait déjà offert en pur don, pour tenter de m'enfuir, son coupé neuf et son cheval, d'une réelle valeur. Mais considérant cette équipée trop hasardeuse, j'avais renoncé à devenir propriétaire, à si bon compte pourtant, de cet élégant équipage. L'armistice vint tout arranger. J'allai trouver le commissaire central et je lui exposai ma situation. Il me donna un passeport :

— Mais vu la surveillance spéciale dont vous êtes l'objet, me dit-il, allez faire contre-signer cette pièce à la place, vers midi, heure à laquelle vous ne trouverez que le secrétaire du colonel.

Je suivis son conseil et j'obtins sans difficulté la signature demandée.

La situation de l'abbé Briand était plus embarrassante. Lui aussi désirait quitter les griffes prussiennes; mais il n'avait d'autres papiers que son costume de zouave. Que faire?

— Pourquoi pas? asseyez-vous!

Quelques instants après, le brave garçon, revêtu d'une soutane, la tête marquée d'une large tonsure, les yeux modestement baissés, avait l'air du plus pieux des séminaristes. Malgré nos avis, il avait tenu à garder sa culotte de zouave sous sa soutane, et il avait fait un paquet de sa veste et de son képi, qu'il tenait à la main.

Ainsi équipé, et après ses adieux à l'excellent chanoine Albin, il m'accompagna à la gare, d'où devait partir un train pour la Bretagne. Sur la présentation de mon passeport, on nous laissa entrer sur la ligne et monter dans un compartiment de seconde classe. S'y trouvait déjà rendu le lieutenant de Becdelièvre, qui dissimulait sous un foulard son horrible blessure à la joue, à peine cicatrisée. Le chef de gare français vint faire la visite des wagons.

— Cet abbé, lui dis-je, n'a point de passeport, c'est un infirmier que j'emmène.

Il fit un signe d'assentiment ; nous nous crûmes sauvés. Mais arriva le commissaire prussien :

— Votre passeport? dit-il à l'abbé.

J'eus beau dire : « C'est un infirmier que j'emmène, » il le fit descendre du train.

Un rien pouvait faire apercevoir la fameuse culotte ou découvrir dans le paquet la veste et le képi. Nous eûmes une réelle frayeur. Mais notre bon ange nous garda encore. Après quelques minutes de discussion, le Prussien nous laissa reprendre notre place. Le train ne tarda pas à partir.

Nous étions au moins quinze personnes dans notre compartiment, entassés les uns sur les autres au milieu de malles, de sacs et de paquets de toute sorte. Ce n'était plus le temps où, deux mois auparavant, on faisait chauffer une locomotive et l'on formait un train pour moi seul de Laval au Mans! Le voyage, lent d'ailleurs, fut donc assez pénible. Nous arrivâmes enfin à Rennes, où les bons Pères Eudistes nous offrirent la plus cordiale hospitalité.

Dès le lendemain matin, l'abbé Briand reprit son costume de zouave et partit pour Saint-Brieuc. Devenu prêtre, le cher confrère est mort, il y a trois ans, au poste de dévouement qu'il avait accepté auprès des Bretons d'Angers. Pour moi, recteur aujourd'hui de l'humble paroisse de..., je conserve la mémoire de ces faits, vieux déjà de vingt-cinq années, aussi vivace que s'ils étaient d'hier. Mais je ne saurais exprimer l'impression de profonde tristesse dont mon âme est encore remplie au souvenir de toutes ces misères et de toutes ces douleurs.

..... Décembre 1895.

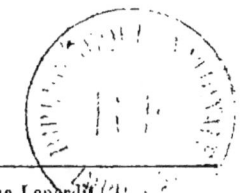

Rennes. — Imp. Marie SIMON, rue Leperdit.

32

www.ingramcontent.com/pod-product-compliance
Lightning Source LLC
LaVergne TN
LVHW021712080426
835510LV00011B/1726